햇볕 한 되 바람 두 되

햇볕 한 되 바람 두 되

초판 인쇄	2024년 11월 25일
초판 발행	2024년 11월 27일
지 은 이	최백림
펴 낸 이	김재광
펴 낸 곳	솔과학
등 록	제10-140호 1997년 2월 22일
주 소	서울특별시 마포구 독막로 295번지 302호(염리동 삼부골든타워)
전 화	02-714-8655
팩 스	02-711-4656
E-mail	solkwahak@hanmail.net
ISBN	979-11-92404-87-5 (03810)

ⓒ 최백림, 2024

값 13,000원

※ 이 책의 내용 전부 또는 일부를 이용하려면
  반드시 저작권자와 도서출판 솔과학의 서면동의를 받아야 합니다.

햇볕 한 되 바람 두 되

최백림 세번째 시집

프롤로그

세 번째 시집을 냅니다.
시집이라고는 하나 여전히
손부끄럽습니다.
시를 쓰는 이유도 딱히 없습니다.
그냥.
그냥이라는 이 말이 저는 좋습니다.
야생화 보러 가는 것
숲속을 산책하듯 다니는 것
멍 때리다 떠오르는 글들을
옮겨 적는 것
그냥 제가 좋아하는 일입니다.
앞으로도 그렇겠지요.
봄, 여름, 가을, 겨울이 여러 번
지나가는 동안 연잎에
비가 고이듯 글들이 모였습니다.
그냥. 이렇게 비워냅니다.
당신이 이 시집을 읽어주면
행복하겠습니다.

지리산 천왕봉이 보이는 곳에서...

차례

프롤로그 · 5

제1부

**꽃과 가을과
비움과 詩**

꽃편지 · 13
사업구상 · 14
삽목 · 16
낙화 · 17
우린 헤어지기로 했다 · 18
꿈꾸지 않았음에도 · 19
가을에는 다 꾀병이다 · 20
유모차 · 21
비움 · 22
꼭 기다리는 건 아니지만 · 23
시천댁 · 24
나이가 들면 · 26
그냥 · 28
꽃눈 · 29
매화 설법 · 30

제2부

**햇볕과 바람과
무상과 詩**

봄 대목장 · 33
바리케이드 · 34
천리향 · 36
훌쩍 · 37

무상 · 38

유월 · 39

어떤 이유 · 40

어디로든 · 41

햇볕 한 되 바람 두 되 · 42

백중날 · 43

저 물든 잎들 · 44

그래도 괜찮습니다 · 46

가을을 깁는다 · 48

애쓰지 않아도 · 49

봄이온다 · 50

제3부

나무와
너와 나와 詩

백작약 · 53

나무의 상처 · 54

산다래 · 56

쌀 아니고 살 · 57

노각나무꽃 1 · 58

노각나무꽃 2 · 59

노각나무꽃 3 · 60

대접 · 61

나에게는 · 62

비 · 64

물매화 · 65

네가 있으므로 · 66

두양리 은행나무 · 67

분실물 · 68

색성향미촉 봄 · 69

어쩌지 못하는 것 · 70

제4부

길과
별과 치유와 詩

돈의 이름 · 73

무심의 행렬 · 74

암병동에서 · 75

얼레지 · 76

산길 · 78

아침이 시끄럽다 · 79

치유 · 80

그늘 · 81

바닥 · 82

비움 · 83

내원골 · 84

자목련 · 85

별 · 86

나의 별이 죽었다 · 88

나무를 심고 싶다 · 90

제5부

**비와 하늘과
행복과 詩**

지게꾼 · 95

지심귀명례 · 96

고욤 · 98

아픔을 위한 기도 · 100

너는 오랫동안 길 위에 · 102

행복은행 · 104

오래되어 가는 집 · 106

비가 오듯 · 107

검버섯 · 108

늙은액자 · 109

먼 하늘에 별처럼 · 110

상처입은 당신에게 · 111

밤 줍기 · 112

토닥토닥 · 113

비가 오나요? · 114

백미러 · 115

길 · 116

문제 · 117

에필로그 · 118

제1부

꽃과 가을과
비움과 詩

꽃편지

봄날 꽃이 피고
꽃이 지는 일이
자연하다
살아가는 일이
사랑하는 일이
이와 같기를
내 사는 것이
봄꽃처럼 지고
잊혀지기를

사업구상

지리산 어느 골짜기
띄엄띄엄 등산객이
지나가는 자리에다
점빵을 열어야겠다

찾는 물건 중에
있는 것보다 없는 것이
많은 다섯 평짜리 정도
점빵을 열어야겠다

사람이 찾아오면
산수국을 보았는지
말도 한 번 걸어보고
노각나무꽃 구경
명당자리도 귀띔해
줘야겠다

주인이 안 보이면
큰 소리로 부르고
꽃구경하느라
불러도 못 들으면

다음에 들러 주세요
삐뚤삐뚤한 안내문
하나 걸어놓고

자주자주 점빵을
비우기도 해야겠다

삽목

다시 살아야 하는
고통을 주겠다

잘린 나무줄기에서 나온
하얀 뿌리 세 가닥

탐貪
진嗔
치痴

원래의 나무처럼
살아야 할 것이다

굽은 나무가
될 것이다

노란색 향기
생강나무로
다시 살아갈 것이다

낙화

꽃이 떨어지기 시작하네요
보러 오실래요

떨어지는 꽃이랑 눈이
마주쳤어요.

당신이 막 생각나더군요

나무는 어깨가 흔들리고
걸음을 뗄 때마다
꽃은 떨어지고

당신이 막 생각나더군요

당신이 왔으면 좋겠어요

우린 헤어지기로 했다

우린 헤어지기로 했다
모란과 작약 중에
누가 더 예쁜가 하는 걸로

너는 별을 보러 가자 하고
나는 일출을 보자고 해서
토라져 또 헤어지기로
할지도 모른다

함박꽃이 지고 나서는
서로 모르는 사람이 되어
스쳐 지나갔지만
걱정하지 않았다

그리 머지않아 산수국이
필 것이다

우리는 그렇게 가벼워지기로
했다

꿈꾸지 않았음에도

인생에 많은 날
기억에도 없는
그저 그렇고
그런 날

꿈꾸지 않았음에도
강물은 바다에 닿았고
바다가 되었다

그저 그런 하루가
떠밀려서 간다

이제 나는 그만
너에게 닿고
싶다

가을에는 다 꾀병이다

농번기가 되면 몸이
알고서 착각을 한다
시름시름 앓다가도
멀쩡해지고
시들시들하던 근육에
물이 오르고
핏줄은 알아서 툭툭
불거진다
일복이 많은 사람은
아프다가도 하필
일철에 낫는다
진주 병원들마다
환자들이 확 준다는
소문이 돈다
가을에는 아파도
다 꾀병이다

유모차

경로당에 처음 보는
유모차가 서 있다
누구 바퀴가 덜렁거린다더니
새로 구해온 모양이다
유모차에는 손녀딸 사는
형편이 고스란히 실려 왔다
모든 걸 다 물러주고
유일하게 거슬러 상속받은
폐차만 가능한 여생
무등록 유모차들이
식은 가을빛을 쬐고 있다
해가 할머니 걸음만큼
짧아만 간다

비움

쥐었던 손
아무렇지 않게
놓아 버린다

단풍은 물드는 것이 아니라
비우고 비워 본래의
면목을 보여주는 것

그러나 이 또한 무슨
소용이랴

가볍고 무심하게
떠나 버린다

꼭 기다리는 건 아니지만

검은 고목에서 감을 따다가
쉬엄쉬엄 말린다

곶감에 서리처럼 하얗게
분이 내리고 섬진강에서
매화 소식 처음 들리면

꼭 기다리는 건 아니지만

작은 바람 소리에도
굽어가는 어깨가 기울었다

돌아오면 이맘때가 좋겠다던
이맘때는 다시 오고

아무렇지 않은 듯 보내는
날들이 식은 찻잔 같다

시천댁

아침 오후 저녁나절
세나절 감을 깎으시던
어머니는 류머티즘
관절염으로 과일 하나
깎아 드시지 못하고

감 깎는 일이야
이제 기계로 대신하지만
물러진 감들이 아까워
손목에 붙인 파스에
결국 감물을 들입니다

수북하게 쌓인 감
껍질 속에 몰래 버려도
잠시 파란 하늘에
한눈을 팔면 어김없이
대바구니 가득

내년에는 일 안 하마
인자는 진짜 못하겠다
하시다가도

하루 두어 번은 또
내가 죽어야
일손을 놓지 하시는
시천댁

우리집 곶감 중
제일 맛있고 달디 단
곶감은 소태 같이 살아온
시천댁 곶감입니다

나이가 들면

나이가 들면
도깨비방망이 하나 생겨
뚝딱하면 되는 줄 알았다

나이가 들면
어렸을 때 지금의
내 나이에 사람들이
그래 보였던 것처럼
사는 것이 만만할 줄
알았다

나이가 들면
속으로야 어쨌든
뭔가 번듯할 줄 알았다

살다 보니
살아보고 싶은 것은
자꾸만 곁방이 되고

살다 보니
살아야 하는 일은
지루한 재방송일지도
모른다

그냥

겨울에 피는 꽃은
겨울꽃
매화가 피건
복수초가 피건
겨울꽃
겨울에 피면
그냥 겨울꽃

봄에 피면 봄꽃
매화가 피건
복수초가 피건
봄에 피었으니 봄꽃
봄이니까
그냥 봄꽃

꽃눈

잘려진 나무

보일락 말락
연분홍 꽃눈

설마 하고서
꺾어둔 가지
화병에서
화르륵
불이 일었다

눈만 마주쳐도
잉태하는
물오른 시절

매화 설법

통도사 자장매 피어
멀리에서도 찾고
화엄사 홍매화 피어
뭇사람들 불러들이는데
꽃이 피고 지는
향기로운 법문
올봄에도 깊은 뜻은
알길이 없네

제2부

햇볕과 바람과
무상과 詩

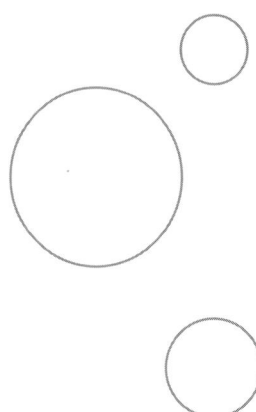

봄 대목장

벚꽃이 피네
벚꽃이 피면
이제 볼 장
다 본거지

바리케이드

꽃은 다 피었고
향기까지 흐드러지는데
아직 피지 않은
무엇이 남았는가요

사람들은 다 모였고
잔치가 시작되었는데
아직 오지 않은 누구
남았는가요

하얀 꽃들이
꽃잎을 감추었다죠
해그림자를 밟고 있던
나뭇가지가 길게
바리케이드를 쳤다지요

남아있는 사람들이
남아있는 밥으로
새로 상을 차리고
향을 피웠다지요

오월에는
오월이 오면

천리향

꽃 한 송이 들여도
집이 온통 봄인데
마음에는 무엇이 있길래
봄이 아직인가
천리향 향기에
언 손을 쬔다

훌쩍

나무는 상처를 버려두고
훌쩍 자란다
가지가 잘리면 잘린 채로
빨리 자란다
꽃이 필 때도 그 꽃 질 때도
자란다
상처가 깨금알만 해지도록
자란다

무상

하루 중 오만가지 생각들
하루 중 수만 가지 말들
하루 중 보았던 숱한 장면들
생을 이루는 수많은 하루
남아있는 것은 무엇이란
말인가

유월

타닥 따닥
보리밭 태우는 소리
이랴 자랴 워 워
논써레질 하는 소리
어 이 하고 부르면
어이하는 메아리는
못줄 넘기는 소리
뻐국 뻐국
저녁 답에 순이
부르는 소리
개구리울음 뚝 그치면
사랑에 눈감는 소리

어떤 이유

비가 오면 비가 오나 해요
바람이 불면 바람이 부나 보다 하고요
눈이 내리면 눈이 내리나 하지요
보고 싶어 보고 싶단 생각을
다해버리면 일년내내 비가 오고
바람이 불고 눈이 내리겠지요
그래서 그래요

어디로든

어디로든 떠나고 싶다고
노래를 부르던 사람은 여전히
담장처럼 살고

어디로든 떠나고 싶다고
말하는 사람은 갈 곳이
없는 사람

이곳에선 희망이 없는 줄
알지만 어디로든 떠나서도
외로울 사람

어디로든 떠나고 싶다고
입버릇처럼 말하는 사람은
더딘 봄 빈터에 올해도
꽃을 심는 사람

햇볕 한 되 바람 두 되

사흘 밤 낮
우려낸 하늘

햇볕 한 되 덜어내고
바람 두되 넣었더니

가을

사흘 밤낮
걸러낸 마음

욕심 한 줌 덜어내고
사랑 두 줌 보탰더니

가을

백중날

모란 그늘이 집인 백합

몸을 두 번이나 꺾고 비틀어
햇볕으로 나오더라

늦여름 마당이 하얗더라

등 굽은 어머니는 깻단을 세워
가지런히 말리시더라

야물던 깨 꼬투리 꽉 찬
속내 알겠더라

밤이 마냥 하얗더라

저 물든 잎들

빨갛게 물들여 편지를 부쳤더니
노랗게 물들인 답장이 왔습니다

울긋불긋한 마음들을 적어
보냈는데 옥빛 계곡물이
담기어 왔습니다

저 물든 잎들
길고 길었던 길 돌고 돌아
본래의 빛을 찾았다는 글을
따라 적어 봅니다

산빛처럼 깊어지려면
그 마음도 내려놓아야 한다는
글은 서리 같았습니다

산도 들도 텅 비어
고요해지면 다시 소식을
전하겠습니다

여기는 오늘도 하루종일
물든 노을입니다

내 마음도 그렇습니다

그래도 괜찮습니다

우리가 걸어가는 길
단풍이 몇 번 물들고 나서야
알게 되는 것들이 있습니다

어깨가 낡아 둥글어지는 그때서야
알게 되는 마음이 있습니다

영원히 곁에 있을 줄만 알았던
존재들이 듬성듬성 빈자리를
만들고 나서야 비로소 사랑이었음을
알게 되기도 합니다

푸르고 떫어 뱉어 버리는 풋것이
때가 되면 익어간다는 것을
알게 되기도 합니다

오랜 세월 묵히면 묵힐수록
제대로 맛이 나는 차처럼
삶도 그러한 것을 압니다

가쁜 숨 기대어 놓고
고요하게 바라보고만 있어도
괜찮습니다

아무리 늦어도 늦지 않은
걸음으로

정함없는 길을 가거나
길없는 길을 가더라도
괜찮습니다

그래도 괜찮습니다

가을을 깁는다

해가 동부콩 그늘만큼
짧아지면 범지골 너머 비탈에
물매화 피고

산길 따라가다 보면
새끼 염소 발에 밟힌 구절초
향기 시퍼렇다

싸리버섯 듬뿍 넣은
된장찌개로 노부부는
또 한 끼를 넘기고

감나무 밑 평상에 앉아
꾸들꾸들 가을을 깁는다

애쓰지 않아도

너의 봄은 기다리지 않아도
시려운 손 견뎌내지 않아도
애쓰지 않아도 애쓰지 않아도

햇빛이 간지럽히는 새싹
푸른 향기도
남도 어느 마을 첫 매화
고운 빛깔도
그대로 상처 하나 없이
너에게 고스란히 온전히

너의 봄은 애쓰지 않아도
애쓰지 않아도

봄이 온다

싸리나무 담장 사립문을
살짝 밀치고 온다

집으로 돌아갈 약속이 없는
요양원을 거쳐서 오고

꼬물꼬물 젖병을 빠는 아기를
쓰다듬고 온다

넘실대는 남해바다 파도를
타고서 오고

새 쑥 냄새를 내뿜으며 들판을
쓸면서 온다

가뭄 끝에 내리는 단비처럼 오고
첫사랑처럼 온다

제3부

나무와
너와 나와 詩

백작약

깊은 산 속
가부좌를 틀고 앉은
꽃 한송이

나무의 상처

나무들은 하나같이
108가지 상처로 살아
벌레들도 끓고
부스럼도 나고
흉한 옹이도 수십 개
그래도 제 상처를
돌아보지 않아
살다 보면 커다란 상처도
만만하다

나무들은 오늘과
지금만을 살아
뿌리는 반 뼘 자라
꽃을 피우고
가지는 한 뼘 자라
열매를 보듬고
지우지 못하는 나이테
그래도 제 살아온 길
돌아보지 않아
살다 보면 아팠던 상처도
말랑하다

나무들은 하나같이
그렇게 백 년 이백 년
상처로 살아

산다래

산다래야 산다래야
꽃만 잔뜩 피지 마라
주렁주렁 열매 열려
서리 맞아 잘 익어야
아기산새 먹고 나면
우리 아기 따서 주지

쌀 아니고 살

경상도 어느 지방에선
쌀이라고 발음을 못해서
살이라고 한다지
쌀을 살이라 한다고
사람들이 놀리며 웃는다지
쌀로 밥을 지어 먹으면
살이 되니까
쌀이 살 같았겠지
쌀쌀맞게 사는 사람들을
살살 달래는 말이겠지
그래 쌀 아니고 살
쌀이 살이지
살맛이지

노각나무꽃 1

소쩍새 뜬눈으로
밤을 보내는 소리에 잠을
뒤척입니다.
처음 아기를 받아보는
산파처럼 떨리게 노각나무꽃이
피어납니다
지리산 마고할미가
비단구름 다섯 폭에
금실로 수를 놓은 꽃
피어있는 꽃을 바라보다가
떨어지는 모습에 더 오래
나는 머뭅니다.
발길을 붙잡는 꽃이
피고 지는 동안
뻐꾸기는 또 종일
웁니다.

노각나무꽃 2

너를 알기 이전에도
꽃은 피었을 것이고
지금처럼 또 지고 있었을 것이다
내 눈에도 보였을 것인데 나는 몰랐다

네가 내 옆에 있고 나서부터다
꽃이 저토록 예쁘다는 걸 안 것은
하얀 꽃이 툭 떨어지는 것을
자꾸만 뒤돌아보게 된 것은

네가 내 옆에 있고 나서부터다
한꺼번에 피었다가 한날에 지는 꽃보다
사랑은 져야 할 더 많은 꽃망울을
준비해야 하는 것임을

네가 지나간 자리
꽃 한 송이 툭 떨어진다

노각나무꽃 3

다시 못 볼 것처럼
자꾸만 뒤돌아보게 되는
사람이 있다
가까이서 바라보아도
구름이 내려앉아 핀
노각나무꽃처럼
아련한 사람이 있다
너를 만난 날은
궤적을 그리며
떨어지는 꽃처럼
통증이 온다
아픈 유전자가
나랑 같은 너는
오늘을 어떻게 견디고
있을까
이제는 가만히 나무를
닮아가는 사람아

대접

사람이 사람답게 살아야
사람대접을 받아야 한다는
것에 반대한다
솔직히 사람답게 산다는 것이
무엇인지도 모르겠다
아무리 생각해도
사람이니까 그냥 사람대접을
하고 받으면 되지 싶은데
다들 생각이 다른 모양이다
사람대접 받으려다
사람 위에 사람이
사람 짓 하려다
사람 밑에 사람이
너무 많지 않나
그때 아무것도 하지
않았다면 좋았을 일들이
우리에게는 너무 많지
않나

나에게는

나에게는
길모퉁이에 핀 제비꽃을 만나
나비만큼 미물렀던 시간이 있었다

나에게는
등 굽은 나무를 노을이 지는
시간만큼 그루터기 손으로 어루만졌던
시간이 있었다

나에게는
바위에 누워 바람이 지나가는
소리를 들었던 시간이 있었다

나에게는
평생 봤던 별똥별보다
더 많은 별똥별을 보았던 경이로운
시간이 있었다

나에게는
무지개를 보고 지른 탄성이 끝나기도 전에
더 크고 선명한 쌍무지개를 본
시간이 있었다

그리고 나에게는 걸음을 멈추었던
많은 시간이 있었다

비

비가 온다
계속 온다
오지 마라 해도 오고
그만 오라 해도
내린다
꽃도 그러더니
제 맘대로 피더니
제멋대로 지더니

물매화

산에 가면 그래

시들어가는 잎이 가뭄 끝
단비에 살아나는 것 같아

너를 보는 것도 그래

어느 해 가을 산에서
처음 만난 물매화를 보는 듯

나는 아직도 그래

네가 있으므로

이것이 있으므로 저것이 있고
이것이 일어나므로 저것이 일어난다
이것이 없으므로 저것이 없게 되고
이것이 소멸하므로 저것이 소멸한다

아침 경전 한 구절을 생각하면서
오랫동안 너를 경전처럼 읽는다

네가 있으므로 내가 있다

두양리 은행나무

오늘 같은 날
두양리 은행나무를
만나러 간다

사람 나이로 치자면
내 몇 번의 전생을 알고 있을
나무지만

여전히 그렇게 사느냐고
물어오는 대신에
괜찮아 괜찮을거야
고요히 안아주는 나무

살다가 내려놓을 것 없이
다 내려놓고 싶은 날은

기다림까지 여읜
천년 은행나무를 만나고
온다

분실물

농협 창구에 손님들이
두고 가는 것들이 있다
통장 도장 신분증 지갑
그리고 가끔은 지팡이

통장에 노령연금
기초연금이 들어와
현금으로 찾는 날이면
짚고 온 지팡이도 잊고
간다

색성향미촉 봄

복수초 황금 잔에
햇살이 넘쳐나면
봄

고로쇠나무에서
종일 물소리나면
봄

매화가지 하나에
어질어질 취하면
봄

냉이국 쑥국 통통
쓴 입맛 살아나면
봄

골짝 바람 아기 손
살살 간지럽히면
봄

어쩌지 못하는 것

봄이 오는 것
꽃이 피는 것
꽃이 지는 것
삶이 저 서쪽으로
기울어지는 것
그리고 하나 더
네가 자꾸만
생각나는 것

제4부

길과
별과 치유와 詩

돈의 이름

고사리 꺾어서 번 돈은
고사리돈
취나물 뜯어서 판 돈은
취나물돈
나락 돈 사면 나락돈
밤돈 콩돈 곶감돈
돈에는 다 제 이름이 있다

요새는 산쑥 들쑥 강둑쑥
만 원짜리 지폐보다
더 시퍼런 쑥 캔 돈
돈 찾으러 돈 넣으러
오는 할매들
농협 창구가 봄 쑥 향
가득이다

무심의 행렬

붉은 진달래도
눈에 들어오지 않던
황사 같은 시절

하동으로
넘어가는 벚꽃 길
먼 세상 같더니

올해 진달래는
다시 볼 수 없을 것처럼
예쁘게 피고

하동으로
넘어가는 벚꽃 길
마치 딴 세상 같아

별일 없이 피고
별일 아닌 듯 지는
무심의 행렬

향기가 꽃잎 따라
심심하게 흩날린다

암병동에서

내일쯤이나 길면
하루는 더 버티겠네요
벚꽃이 언제 질 것
같은지 묻길래
말했는데
암병동에서
그 사람 하루 더
버티더군요

얼레지

세상에나
저렇게 예쁜 꽃이 있었어
어떻게 여태 몰랐지
얼레지를 처음 만났을 때
그랬어요
한눈에 반했지요
얼레지가 눈에 안들어와서
그렇지 한 번 들어오니까
여기저기 막 보이더군요
흔한 꽃이었던거죠
요즘은 본체만체해요
사람의 마음이라는 게
참 그렇더군요
흔하니 멀어지는 거예요
얼레지는 심어 놓은 듯
군락을 이루어요
근처 산에 없는 곳이
없더군요
그래도 얼레지를 보려면
어쨌든 내가 와야 해요
맑고 깨끗한 곳에서만

사는 꽃이거든요
흔해도 귀하지 않아도
예쁜 건 예쁜 거잖아요
솔직히 얼레지만한 꽃도
별로 없죠 뭐
산들도 예쁘니까
막 키우겠죠
해마다 봄마다 얼레지가
필 때 면 제일 먼저
달려오긴 하네요

산길

산짐승이
구름이
다니는 길

끊겼다가 이어지는
구부정하고 느릿한 길

비오는 날에
노각나무 수피처럼
선명해지는 길

한숨이 많을 거라는
내 손금 같은 길

아침이 시끄럽다

동네에 살고 있는
모든 개들이 짖는다
개들이 짖는 통에
닭들이 운다
앞산 아래 축사에서는
소들이 울고
산비둘기는 불고
다행히 뻐꾸기 울다가
목이 쉬었다
키우는 짐승들
밥이라도 얼렁 주면
좀 나을란가
새벽잠 없다던 노인들은
귀가 어둡고
지금은 다시
홀딱벗고새 소리
까마귀 소리
개구리 풀벌레 소리는
간밤에 일이고
시끄러운 동네
아기 우는 소리만
없다

치유

치유한다고 상처를
헤집는 일은 없도록 해요
상처는 아물도록 덧나지
않도록 싸매야 하는 거죠
상처 입은 사람을
치유할 수 있는 사람은
상처 입은 사람
자신이라는 걸
우리는 기억해야 해요
굳이 아픈 상처를
건드리지 말아요
누구에게나 치유의 힘이
있음을 알잖아요
치유가 될 거예요
믿고 응원하고 기다려주고
기도하기로 해요
상처받은 이들이
그리고 당신과 나
어떻게 스스로 치유해
나가는지 얼마나
성숙해지는지를
분명히 보여줄 거예요

그늘

그늘이 있는 사람은
미소를 지을 때도
표가 나는 사람

엎친 데 덮친 세월을
속으로만 삭힌
주름 같은 사람

어둠을 보면
제 아픈 손을
무작정 내미는 사람

나무 그늘을
닮은 사람

바닥

모든 것에는 바닥이 있다
가장 낮은 곳
더는 내려갈 수 없는 끝점
아무리 멀어져도
보이지 않아도
딛고 있어야 할 발바닥처럼
끊어낼 수 없는 운명

우리는 바닥에 있다
짓밟혀서 기어가는 바닥
어제 흘린 땀과
오늘의 눈물을 섞어
다지고 있다

우리에게는 끝내는 치고
올라갈 바닥이 있다
결국 쌓고야 말
우리들의 탑이 있다

비움

채워지지 않으면
비워지지 않는다

연잎에 물이 차면
저절로 비워지듯

마음을 비우는 일
마음을 채우는 일

비워지지 않으면
채워지지 않는다

달이 기울어야
보름달이 되듯

비우고자 하는
마음도 버리고

채우고자 하는
마음도 버리고

내원골

몇 날 며칠 애태우던
물매화 꽃봉오리
하얗게 터지면

새벽 찬 공기가
막 걸음마를 배운
아기처럼 안기고

한낮 햇볕에
옹기종기 앉은 고양이
굴밤 구르는 소리에
졸다가 깨다가

떠오르는 얼굴들
하나하나 지우다가
지우지 못한 얼굴 하나
빨갛게 물들고

내원골은 몸살 같은
가을입니다

자목련

두어 번 문을 열어 보고서야
바람에 떨어지는 잎인 줄을
알았습니다

발자국 소리처럼 다가와
당신이 아닌가 하고
가슴이 뛰었습니다

자목련이 피었을 때도
서리가 두어 번 내려
잎이 질 때도
나는 흔들리고 맙니다

당신이 좋아하는 자목련
늦은 가을 그 잎까지 지고
있습니다

별

모르는 아주머니가
나를 보더니 누구 집 아들
아니냐고 물어요
난 그 동네 오늘 처음 갔거든요
어느 곳에서나 나랑 비슷하게 닮은
얼굴 한명 쯤은 살고 있나 봐요
이런 경험을 종종 겪으니 말입니다
못생기고 좋게 봐 줘도
평범하게 여겨지는 얼굴인데
그럼 뭐 어때요
그렇게 생겨서 태어난 걸
또 어쩌겠어요
정말로 소중한 건 평범하고 흔해서
소중한 걸 잊게 된다고 하죠
공기나 물처럼 말이예요
사람이 숨을 못 쉬면 죽게 되지만
숨은 쉬어야겠다 하고
쉬는 게 아니고 아무 생각 없이
그냥 숨 쉬는 거잖아요
지금 시작도 끝도 없는 무한한
우주에 별 하나를 생각해 보세요

어떤가요? 흔한 별이죠?
정말 별(?)거 아니지요
자 그럼 다른 모든 별들을
머릿속에서 싹 지워볼까요?
어때요?
이 온 우주에서 모든 게 사라지고
유일하게 빛나고 있는 별 하나
느껴지나요
바로 당신의 모습입니다
이 우주에 오직 유일하게 빛나는 별 하나가
당신임을 당신이 알았으면 해요
알았죠?

나의 별이 죽었다

내가 여기에 도착하는 시간
별은 죽는다고 들었어요

지금 빛의 속도로 부음이
오고 있지요

몇 광년이나 떨어져 있는지
언제 도착하는지도 알 수 없는
부음이 나에게 오고 있어요

어떤 이들은 도착하자마자
허공중에 흩어지기도 해서
준비하지 못한 이별을 하죠

겁의 시간을 흘러서 온
빛으로 나는 살아있는 것이고
살아가는 거예요

아침을 어루만지는 햇살에
실금 같이 뛰는 맥박 소리는
수취 불명의 붉은 소인이
찍혀 낯설어지고

나에게 날아드는 별빛이
잦아들기 시작했다는 것을
느껴요

이별의 시간은 그렇게 다가오고
부음은 이제 강을 건넌 것
같아요

나무를 심고 싶다

빈 땅만 보면 뭔가를
심고 싶어진다

손바닥으로도 가려지는
텃밭에서 어머니는
열 손가락보다 많은
채소들을 밥상 위에
올리셨다

나무 하나 심을
땅 한 평 없는 아버지는
오일장이 서면
나무전을 빼놓지 않고
구경하셨다

어제 산에서 만난
노각나무를 심는
상상을 한다

금목서 은목서
심은 마당을 꿈꾸시던
아버지처럼

버려진 빈 가슴에
나무 한 그루 심고
싶어진다

제5부

비와 하늘과 행복과 詩

지게꾼

죽으면
제일 먼저
썩는 곳
지게꾼은
어깨부터라지

부자들은
죽어도
잘 썩지 않는다지
거름으로도
못쓴다지

지심귀명례

지극한 마음으로
기도합니다

나의 기도가 닿기를
그러나 내가 한
기도여서가 아니라
내가 아니어도
나무, 풀, 꽃들의
이름으로도
기도가 닿기를

다시 지극한 마음으로
기도합니다
어느 누구라도 가슴속에
간직한 무엇으로
나직이 부르면
그 힘으로 님에게 닿기를

나무와 풀과
꽃의 이름으로
향을 사릅니다

살아있는 모든 존재가
평온하기를
진리가 흐르는 대로
다시 흐르기를

고욤

눈 쌓인 장독대

서리 몇 번 맞은
고욤을 따다 둔
항아리

한겨울에
서걱서걱 먹다 보면

은비녀
할머니도 생각나고

한 숟갈
입에 가득 넣으면

손에 잡히는 듯
들리는 어린 시절
이명

그립지만
돌아가기에는
뭣 한

달콤하고 시린
항아리

아픔을 위한 기도

아프면 순해진다
고양이는 발톱을 숨기고
가장 구석진 곳으로
들어가 아픈 부위를
핥는다

낮고 어두운 구석 자리에
있었던 사람들

그 사람들만이 유일하게
독이 든 상처에 입을
댈 것이지만

아픈 나와
나를 닮은 너는
숨어 웅크리고만
있을 뿐

아프면
내가 아프게 했던
사람들이 그리워지고

나는 온종일 그리운
것들을 핥고 있다

너는 오랫동안 길 위에

너에게는 길이 두 개가 있다

하나는 낮처럼 환한 길이요
또 하나는 구천을 떠도는 듯
캄캄하고 어둔 길

눈부신 길 거칠 것 없이
내달려가다가 숨을 헐떡이고

어두워 더듬어야 가는 길
넘어지고 멈춰서 숨을 죽이고

빛이 없는 밤을 지새우다 보면
또 어느 한 곳에서 한줄기
빛이 비치게 될 것이니

지금 가는 길이 환하고
또는 어두울지라도
두 개의 길은
결국에는 다 걸어야만
하는 것이어서

돌이켜보면 너는 오랫동안
길 위에 있었지 않았는가

너에게는
끝내는 다 걸어야
끝이 나는
두 개의 길이 있다

행복은행

비 내리는 저녁
은행문을 닫을 때쯤
한 사내가 들어와
사채업자도 무서워하는
행복을 대출한다

몇 번이나
원하는 상품이 맞는지를
물어도 대출한 상품을
집어 들고 어둠 속으로
사라진다

남아있는 삶 전체를
불행으로 계산해야만 하는
일확행복을 꿈꾸는
사람과 사람들

행복을 대출하기 위해서는
불행이라는 이자를
제 날짜에 꼬박꼬박
갚는 곳

행복은행은
여전히 성업중이다

오래되어 가는 집

이삿짐도 풀지 않고
가끔씩 들리다가
구들처럼 눌러앉은 곳

봉숭아물 손톱에
그믐달로 남은 계절처럼
쓸쓸해 보인다는 집

빈집처럼 보여서
주인을 닮았다는 집

풀벌레가 제일
목소리가 큰 집

오래되어 가는 집

비가 오듯

비가 오듯 생각이 납니다
어느 때에는 장마처럼
오래도록 생각을 합니다
사는 것에 바빠 봄 가뭄처럼
아주 잊고 있다가도
소나기처럼 갑자기
보고 싶기도 합니다
지금은 아주 긴 장마입니다
간밤에는 천둥과 번개가 치고
꼬박 뜬눈으로 밤을
보냈습니다
마음 한 곳 쿵쾅거리는
날입니다

검버섯

김장배추 모종을 키워
본답에 정식을 하고 있는
방앗간집 할매 나이는
아흔 세 살이예요

군데군데 기운 갑바를 깔고
줄맞춰 깻단을 세워 말리는
묵곡댁 할매 나이는
여든 일곱이구요

대나무로 짠 평상에
빨간 고추를 널고 있는
파란 대문 집 할매는
이른 다섯
방앗간 집 할매 큰아들이랑
동창이랍니다

사람들이 떠난 집터에는
길고양이만 드나들고요
사람들이 남은 집은
꽃처럼 검버섯이 번집니다

늙은 액자

구장터 최고령자는
팽기띠기 101살
다음은 요양원 갈
준비하는
새터띠기 95살
우애도 남달라
친척인가 했더니
두 분 다 일찍 과부가
되었다고
새터띠기 집에는
손자 또래
흑백 남자 사진이
걸려있다
액자만 혼자
늙어온

먼 하늘에 별처럼

누구에라도 무게로
느껴지지 않게
먼 하늘에 별처럼

초가을 새벽에 덮는
얇은 홑이불같이
남아있는 인생
가벼운 농담처럼

볕을 피해 들어서는
감나무 그늘처럼

상처 입은 당신에게

쓰러지지 않을 만큼의 상처는 괜찮아요
상처이기도 하지만 그것은 다른 상처를 막아주는 것이기도 하죠
상처 하나 없기를 바라는 것은 욕심이예요
당신이 지닌 상처가 사랑스럽네요
그 상처는 세상을, 사람들을 더 사랑하려고 생긴 거니까요
아물거예요
사랑하려다 생긴 상처는
흉터 하나는 남겠죠
진주처럼
거기서 나오는 잔잔한 빛이
언젠가는 당신이 사랑하고자 했던
모든 존재들에게도 전달되겠죠
걱정하지 말아요
우주의 소리는 당신과 일치해요
당신이 원한다면
그 소리를 들을 수 있을 거예요

밤 줍기

밤 한 톨 주우려면
허리를 숙여 절 한번
한 가마를 채우려면
삼천배는 채워야 겠지요
어느 절에서는
신도들이 삼천배를 하면
큰스님이 법명도 주고
화두도 준다던데
밤 줍는 이들에게는
무슨 화두가 좋을까요
밤 주울 때마다 할머니는
나무 관세음보살
나무 관세음보살
허리가 아파서라는 걸
밤을 주우면서 알았어요
밤 한 톨에 허리 숙여
나무 관세음보살
밤 한 톨 주워 허리 펴며
나무 관세음보살
밤알이 염주알이지요

토닥토닥

어제 슬픈 일이 있었는데
달은 더 밝았고
아침 햇살은 눈 아프게 빛났지
하루 종일 날은 맑았고
노을도 장엄한거야
넘어졌는데도 일으켜주지 않는
엄마 아빠 같아서
서러웠는데
알고보니 그랬던 게 다
토닥토닥
토닥토닥

비가 오나요?

당신이 생각나는 것을
지워내려고 할수록
먹물이 한시에 번지듯
무언지 모를 어떤 것이
가슴을 찌르르 타고
흐릅니다
세월이 가도 어떤 것들은
무뎌지기는커녕 핏줄처럼
선명해져 가고 있습니다
여기와는 다른 그쪽
하늘에도 비가 오나요?
들리지도 돌아오지도
않을 안부를 오늘도
묻습니다

백미러

사물이 거울에 보이는
것보다 가까이 있음

너도 생각하는 것보다
가까이 있음 좋겠다

길

행복하길
따뜻하길
아름답길
사랑하길

문제

나는 누구인가?
결국 풀지 못한 문제
계속 틀리는 문제
풀수록 꼬여가는 문제
정답이 있는 것일까?
흔한 모범답안조차
없는 난제
확신에 찬 오답으로
고비마다 구비마다
자주 흔들린다
이번 생애도
망친 것 같다

에필로그

6 : 4 법칙

60% 힘으로 살고, 40%는 아껴둬라.
온 힘으로 살면 성공도 하고, 이루는 것이
많아지는 대신에 자기 자신을 소비해야 한다.

누구나가 살면서 위기는 오지 말라고
기도를 해도 기어이 찾아서 온다.
이때 무너지는 사람은 100%의 힘으로
살아가는 사람이다.

60% 힘으로 사는 사람은 버티어 낸다.
그럴 힘이 비축되어 있기 때문이다.

감정도 마찬가지다.
좋아하는 감정
미워하는 감정
사랑하는 감정
60% 정도면 딱 좋다.
100% 다 쏟아부어 소진하면
이 감정이 오히려 자기 자신을
잡아먹는다.

진짜 고수는 여백을 가지고 있는 사람이다.
절대로 100% 힘을 쏟지 않는다.

60%를 사용하고 사는 사람은
그 전부를 잃어도 여전히
40%가 남아있다.
종잣돈이 남아있는 것이다.
(신에게는 아직도 12척의 배가 남아있습니다.)

어떻게 하면 60%로 살 수 있는가?
그냥! 힘을 덜 쓰고 살면 되는 일이다.
사람을 줄이고, 생각을 줄이고, 말을 줄이고,
행동을 줄이는 것이다.

이것이 어려우면 숲을 만나라.

나무. 풀. 꽃도 보고, 계곡물소리도 듣고,
햇볕은 지친 나를 어루만져 줄 것이다.

숲은 100% 힘으로 살던 나를
잠시나마 쉬게 한다.

6:4로 사는 것이 저울처럼 고정되어있는 비율은
아니다. 삶에서 더 많은 여백을 가지겠다는 방향성을
가지면 좋겠다.

시선을 바깥이 아닌 자기 자신에게로 향해
나를 바라보고, 나를 찾는 여기에도 6:4 법칙이
적용되어지길 기대해본다.

내 인생의 하루란
내 안에서 진정한
나를 찾는 소풍이다.

어려운 이야기도 아니고 모르는
이야기도 아니다.
또 현실에서 쉽지 않은 뜬구름 잡는
이야기일지도 모른다.
그러나 누구나 다 마음속에 한 번쯤
가져 본 생각이기도 하다.
사람들이 마음속에 그 싹이라도
키우고 있길 진심으로 바란다.

아무렇지 않게 살기에는
상처를 안고 사는 사람이
너무나 많은 세상이다.